하루 10분 명심보감 따라쓰기

키즈키즈 교육연구소 지음

미래주니어

차례

계선편 (繼善篇)

선한 마음으로 착하게 살라는
내용을 담고 있어요.

천명편 (天命篇)

진리를 거스르지 않고 하늘의 뜻에
따라 살아가야 한다고 이야기해요.

효행편 (孝行篇)

부모님의 은혜를 알고 부모님을
섬기는 도리에 대한 이야기예요.

정기편 (正己篇)

자신을 바르게 세우는 방법과 올바른
성품에 대한 내용을 담고 있어요.

안분편 (安分篇)

만족할 줄 아는 마음을 가지고 분수를
지키며 사는 방법에 대한 이야기예요.

매일 명심보감을 따라 쓰며
소중한 지혜를 배워 보세요!
따라 쓴 문장에는
☑ 표시하세요~

입교편(立敎篇)

바른 가르침과 생활 속 기본자세에
대한 내용을 담고 있어요.

치정편(治政篇)

나라를 올바르게 세우기 위해
정치를 잘해야 한다는 내용이에요.

안의편(安義篇)

변하지 않아야 할 의리와 충절에
대해 이야기하고 있어요.

준예편(遵禮篇)

생활 속에서 지켜야 할
바른 예절에 대한 내용이에요.

머리말

바른 생각과 지혜를 일깨워 주는
〈하루 10분 명심보감 따라쓰기〉

마음을 밝게 하는 보배로운 거울, 명심보감

명심보감(明心寶鑑)의 '명심(明心)'은 마음을 환하게 밝힌다는 뜻이고, '보감(寶鑑)'은 보배로운 거울이라는 뜻입니다. 말 그대로 우리의 마음을 밝게 비추어 주는 보배로운 거울과 같은 책입니다.

명심보감은 중국 명나라의 학자인 범립본(范立本)이 여러 선인들의 말씀을 엮은 것입니다. 이를 우리나라 고려 시대의 추적(秋適)이란 학자가 유익한 부분을 다시 간추려 엮은 것이 지금의 명심보감이 되었습니다. 명심보감에는 공자, 맹자와 같은 사상가를 비롯해 정치가, 왕들의 훌륭한 말과 생각이 담겨 있어서 우리가 살아가는 데 필요한 지혜와 교훈을 배울 수 있습니다.

명심보감 따라쓰기로 바른 가르침을 마음에 새기세요.

〈하루 10분 명심보감 따라쓰기〉는 선인들의 바른 가르침을 읽고 따라 쓰면서 그 뜻을 이해할 수 있도록 구성했습니다. 명심보감 원문의 한자와 뜻풀이를 실었으며, 원문에 담긴 속뜻을 어린이의 눈높이에서 알기 쉽게 설명했습니다.

명심보감은 옛날 사람들도 어릴 때부터 항상 곁에 두고 되풀이해서 읽은 책이었습니다. 우리의 마음을 환하게 밝혀 줄 귀한 가르침을 여러 번 읽고 따라 쓰며 마음에 새기길 바랍니다.

明心寶鑑

'쓰기'는 초등 학습의 기본이 되는 교육 중 하나입니다.

초등학교에서 읽기, 쓰기, 말하기는 가장 기본적인 학습입니다. 자신의 생각을 바르게 전하기 위해서 바른 글씨체를 익히는 것은 필수입니다. 또한 글씨를 잘 쓰면 어릴 때나 어른이 되어서도 주변 사람들의 관심을 받게 되고, 자신감도 갖게 됩니다. 뿐만 아니라 글씨를 한 자 한 자 바르게 따라 쓰다 보면 산만한 마음을 가라앉게 해 주며, 집중력도 함께 길러져 학습에 필요한 기본기를 탄탄하게 다져 줍니다.

처음부터 바르게 익힌 예쁜 글씨체는 평생 훌륭한 자산이 됩니다. 〈하루 10분 명심보감 따라쓰기〉는 어린이들이 따라쓰기를 하며 자연스럽게 바르고 예쁜 글씨체를 익히도록 도와줍니다.

하루 10분씩 100일 동안 꾸준히 따라 쓰세요.

처음부터 욕심을 내어 하루에 여러 장을 쓰지 않도록 합니다. 한 번에 많이 쓰는 것보다 매일 꾸준히 쓰는 연습을 하는 것이 명심보감에 담긴 말씀을 이해하고 익히는 데 더욱 효과적입니다.

하루 10분씩 100일 동안 몸과 마음을 차분하게 하는 명심보감 100문장을 꾸준히 따라 써 보세요. 생활 속 지혜와 효심, 사랑, 우정, 예의 등에 대한 교훈을 배울 수 있습니다. 자신에게 와 닿는 문장은 따로 적어서 책상 앞에 붙여 두고 매일 되뇌면 몸과 마음을 바로잡는 데 도움이 된답니다.

爲善者는 天報之以福하고 爲不善者는 天報之以禍니라.
위선자　　　천보지이복　　　위불선자　　　천보지이화

착한 일을 하는 사람에게는 하늘이 복을 내리고
나쁜 일을 하는 사람에게는 하늘이 재앙을 내린다.

 바르게 따라 써 보세요.

착	한		일	을		하	는		사	람	에	게	는
하	늘	이		복	을		내	리	고		나	쁜		일
을		하	는		사	람	에	게	는		하	늘	이
재	앙	을		내	린	다	.						

 아래 칸에 맞춰 써 보세요.

착한 일을 하는 사람에게는 하늘이 복을 내리고
나쁜 일을 하는 사람에게는 하늘이 재앙을 내린다.

 하늘도 우리가 착한 일을 하는지 나쁜 일을 하는지 살피고 그에 대한 대가를 준다고 해요.
마음속에 있는 착한 마음을 꺼내 친구들에게 베풀어 보세요.

계선편 02

見善如渴하고 聞惡如聾하라. 善事란 須貪하고 惡事란 莫樂하라.
견선여갈   문악여롱   선사   수탐   악사   막락

착한 일을 보거든 목마른 것처럼 하고
나쁜 일을 듣거든 귀머거리처럼 하라.
착한 일은 모름지기 탐내서 하고
나쁜 일은 즐겨하지 말라.

 바르게 따라 써 보세요.

착	한		일	을		보	거	든		목	마	른
것	처	럼		하	고		나	쁜		일	을		듣	거
든		귀	머	거	리	처	럼		하	라	.	착	한
일	은		모	름	지	기		탐	내	서		하	고
나	쁜		일	은		즐	겨	하	지		말	라	.

 아래 칸에 맞춰 써 보세요.

착한 일을 보거든 목마른 것처럼 하고
나쁜 일을 듣거든 귀머거리처럼 하라.
착한 일은 모름지기 탐내서 하고
나쁜 일은 즐겨하지 말라.

 착한 일은 목마를 때 물을 마시듯이 주저하지 말고 실천하며, 나쁜 일은 귀머거리가 듣지 못하는 것처럼 멀리 하라는 뜻이에요. 내가 할 수 있는 착한 일과 하지 말아야 하는 나쁜 일은 무엇인가요?

一日不念善이면 諸惡이 皆自起니라.
일일불념선   제악   개자기

하루라도 착한 것을 생각하지 않으면
모든 악한 것이 저절로 일어난다.

 바르게 따라 써 보세요.

하	루	라	도		착	한		것	을		생	각	하
지		않	으	면		모	든		악	한		것	이
저	절	로		일	어	난	다	.

 아래 칸에 맞춰 써 보세요.

하루라도 착한 것을 생각하지 않으면
모든 악한 것이 저절로 일어난다.

 잠시라도 마음을 놓으면 나쁜 생각을 하게 된다고 했어요.
나쁜 생각의 뿌리는 처음에는 작고 가늘지만 차츰 자라나서 감당할 수 없이 커진답니다.

恩義를 廣施하라. 人生何處不相逢이랴.
은의   광시   인생하처불상봉

은혜와 의리를 널리 베풀어라.
살다 보면 어디서든 다시 만나지 않겠는가?

 바르게 따라 써 보세요.

은	혜	와		의	리	를		널	리		베	풀	어
라	.		살	다		보	면		어	디	서	든		다	시
만	나	지		않	겠	는	가	?						

 아래 칸에 맞춰 써 보세요.

은혜와 의리를 널리 베풀어라.
살다 보면 어디서든 다시 만나지 않겠는가?

 사람의 인연이란 알 수 없어서 언제 어디서 누구를 다시 만날지는 아무도 몰라요. 그렇기 때문에
사람을 대할 때는 항상 공손해야 하고, 다른 사람에게 은혜를 입었으면 감사할 줄 알아야 해요.

順天者는 存하고 逆天者는 亡이니라.
순천자   존   역천자   망

하늘의 뜻을 따르는 사람은 살고
하늘의 뜻을 거스르는 사람은 망한다.

 바르게 따라 써 보세요.

	하	늘	의		뜻	을		따	르	는		사	람	은
살	고		하	늘	의		뜻	을		거	스	르	는
사	람	은		망	한	다	.				

 아래 칸에 맞춰 써 보세요.

하늘의 뜻을 따르는 사람은 살고
하늘의 뜻을 거스르는 사람은 망한다.

 맹자는 선한 품성을 바탕으로 '하늘의 뜻'에 순응하면 모든 일이 다 잘 풀린다고 말했어요.
여기서 말하는 '하늘의 뜻'이란 도리에 맞게 행동하는 것을 뜻해요.

천명편 06

種瓜得瓜요, 種豆得豆니 天網이 恢恢하여 疏而不漏니라.
종과득과   종두득두   천망 회회   소이불루

오이를 심으면 오이를 얻고
콩을 심으면 콩을 얻는다.
하늘의 그물은 넓고 넓어서
성글지만 새지 않는다.

 바르게 따라 써 보세요.

오	이	를		심	으	면		오	이	를		얻	고
콩	을		심	으	면		콩	을		얻	는	다	.	하
늘	의		그	물	은		넓	고		넓	어	서		성
글	지	만		새	지		않	는	다	.			

 아래 칸에 맞춰 써 보세요.

오이를 심으면 오이를 얻고 콩을 심으면 콩을 얻는다.
하늘의 그물은 넓고 넓어서 성글지만 새지 않는다.

 세상의 모든 것은 노력한 만큼 결과를 얻게 마련이에요. 하늘에는 하늘의 질서와 법칙이 있고, 땅에도 땅의 법칙이 있듯이 모든 일에는 원인이 있고 결과가 있답니다.

父兮生我하시고 母兮鞠我하셨네. 欲報之德이라도 昊天罔極이로다.
부혜생아 　　　　　 모혜국아 　　　　　 욕보지덕 　　　　　 호천망극

아버지 나를 낳으시고 어머니 나를 기르셨네.
그 은혜를 갚으려 해도 하늘처럼 넓어 끝이 없구나.

 바르게 따라 써 보세요.

	아	버	지		나	를		낳	으	시	고		어	머
니		나	를		기	르	셨	네	.		그		은	혜	를
갚	으	려		해	도		하	늘	처	럼		넓	어		
끝	이		없	구	나	.									

 아래 칸에 맞춰 써 보세요.

아버지 나를 낳으시고 어머니 나를 기르셨네.
그 은혜를 갚으려 해도 하늘처럼 넓어 끝이 없구나.

 부모님이 나를 낳고 기르느라 고생했는데, 그 은혜를 갚으려 해도 하늘처럼 넓어 끝이 없다고 해요.
우리를 키우느라 고생한 부모님의 은혜를 한시도 잊어서는 안 돼요.

孝於親이면 子亦孝之하나니 身旣不孝면 子何孝焉이리오.
효어친　　　자역효지　　　신기불효　　　자하효언

내가 부모에게 효도하면
자식 또한 나에게 효도할 것이다.
내가 부모에게 효도하지 않으면
자식이 어찌 나에게 효도하겠는가?

 바르게 따라 써 보세요.

내	가		부	모	에	게		효	도	하	면		자
식		또	한		나	에	게		효	도	할		것	이
다	.	내	가		부	모	에	게		효	도	하	지
않	으	면		자	식	이		어	찌		나	에	게
효	도	하	겠	는	가	?							

 아래 칸에 맞춰 써 보세요.

내가 부모에게 효도하면
자식 또한 나에게 효도할 것이다.
내가 부모에게 효도하지 않으면
자식이 어찌 나에게 효도하겠는가?

 자식은 부모의 거울이에요. 자식을 보면 그의 부모를 알 수 있어요. 자식은 부모가 하는 행동을
그대로 보고 자라기 때문이지요. 그러니 부모가 바른 행동을 몸소 실천해야 자식도 따라 한답니다.

見人之善而尋其之善하고 見人之惡而尋其之惡하라.
견인지선이심기지선   견인지악이심기지악

다른 사람의 착한 점을 보거든
나의 착한 점을 찾고
다른 사람의 나쁜 점을 보거든
나의 나쁜 점을 찾아라.

 바르게 따라 써 보세요.

다	른		사	람	의		착	한		점	을		보
거	든		나	의		착	한		점	을		찾	고
다	른		사	람	의		나	쁜		점	을		보	거
든		나	의		나	쁜		점	을		찾	아	라	.

 아래 칸에 맞춰 써 보세요.

다른 사람의 착한 점을 보거든
나의 착한 점을 찾고
다른 사람의 나쁜 점을 보거든
나의 나쁜 점을 찾아라.

 남의 장점을 보면 그 장점을 따라 하고 남의 단점을 보면서 내 단점을 고쳐야 해요. 항상 남의 행동을 유심히 살펴서 본받을 점과 버릴 점을 생각하며 행동하면 많은 것을 깨우칠 수 있어요.

정기편
10

勿以貴己而賤人하고 勿以自大而蔑小하고 勿以恃勇而輕敵하라.
물이귀기이천인   물이자대이멸소   물이시용이경적

자기를 귀하게 여겨서 남을 천하게
여기지 말고 자기가 크다고 작은 사람을
업신여기지 말며 자기의 용맹을 믿고
적을 가볍게 여기지 말라.

 바르게 따라 써 보세요.

자	기	를		귀	하	게		여	겨	서		남	을
천	하	게		여	기	지		말	고		자	기	가
크	다	고		작	은		사	람	을		업	신	여	기
지		말	며		자	기	의		용	맹	을		믿	고
적	을		가	볍	게		여	기	지		말	라	.

 아래 칸에 맞춰 써 보세요.

자기를 귀하게 여겨서 남을 천하게
여기지 말고 자기가 크다고 작은 사람을
업신여기지 말며 자기의 용맹을 믿고
적을 가볍게 여기지 말라.

 내가 소중하듯 다른 사람도 소중한 존재예요. 자신이 크고 귀하다고 생각하는 만큼 다른 사람들을
대할 때도 그렇게 대해야 하지요. 자신의 위치나 힘을 믿고 함부로 행동한다면 반드시 후회하게 될 거예요.

정기편
11

道吾善者는 是吾賊이요, 道吾惡者는 是吾師니라.
도오선자   시오적   도오악자   시오사

나에게 잘한다고 칭찬하는 사람은
내게 해로운 사람이요,
나의 나쁜 점을 지적해 주는 사람은
나의 스승이다.

 바르게 따라 써 보세요.

	나	에	게		잘	한	다	고		칭	찬	하	는
사	람	은		내	게		해	로	운		사	람	이	요
나	의		나	쁜		점	을		지	적	해		주	는
사	람	은		나	의		스	승	이	다	.			

 아래 칸에 맞춰 써 보세요.

나에게 잘한다고 칭찬하는 사람은
내게 해로운 사람이요,
나의 나쁜 점을 지적해 주는 사람은
나의 스승이다.

 나를 아끼고 사랑하는 사람은 내게 바른말을 해 주는 사람이에요. 충고는 들을 때는 기분이 나쁠 수도 있지만 나중에는 도움이 되지요. 반면에 나에게 듣기 좋은 말만 하는 사람이 있다면 주의해야 해요.

萬事從寬이면 其福自厚니라.
만사종관   기복자후

모든 일을 너그럽게 하면
그 복이 저절로 두터워질 것이다.

 바르게 따라 써 보세요.

	모	든		일	을		너	그	럽	게		하	면
그		복	이		저	절	로		두	터	워	질	것
이	다	.											

 아래 칸에 맞춰 써 보세요.

모든 일을 너그럽게 하면
그 복이 저절로 두터워질 것이다.

 넓은 마음을 가지려고 노력해 보세요. 모든 일에 관용을 베풀며 이해하고 용서하면 그 복이 결국
자기 자신에게로 돌아오게 돼요. 상대를 배려하고 너그럽게 대하는 것이 결국 내 복을 쌓는 길이에요.

勤爲無價之寶요, 愼是護身之符니라.
근위무가지보   신시호신지부

부지런함은 값을 매길 수 없는 보배요,
조심성은 몸을 보호하는 부적이다.

 바르게 따라 써 보세요.

부	지	런	함	은		값	을		매	길		수
없	는		보	배	요	,	조	심	성	은		몸	을
보	호	하	는		부	적	이	다	.			

 아래 칸에 맞춰 써 보세요.

부지런함은 값을 매길 수 없는 보배요,
조심성은 몸을 보호하는 부적이다.

 부지런한 사람에게 좋은 일이 생긴다는 이야기예요. 성공한 사람은 대부분 부지런한 사람들이에요.
또한, 몸을 잘 보호하지 않으면 아무리 좋은 일도 소용없는 것처럼 모든 일에 항상 몸조심해야 해요.

定心應物하면 雖不讀書라도 可以爲有德君子니라.
정심응물　　　　수부독서　　　　가이위유덕군자

마음을 바르게 하고 일을 대하면
비록 배우지 않았더라도
덕이 있는 군자라고 할 수 있다.

 바르게 따라 써 보세요.

	마	음	을		바	르	게		하	고		일	을
대	하	면		비	록		배	우	지		않	았	더	라
도		덕	이		있	는		군	자	라	고		할	
수		있	다	.										

 아래 칸에 맞춰 써 보세요.

마음을 바르게 하고 일을 대하면
비록 배우지 않았더라도
덕이 있는 군자라고 할 수 있다.

 학식이 높은 사람을 군자라고 해요. 비록 공부를 많이 하지 않은 사람이라도 바르고 정직하게
생각하고 행동하면 군자나 다를 바 없답니다.

瓜田에 不納履하고 李下에 不正冠이니라.
과전　　불납리　　　　이하　　부정관

남의 오이 밭에서 신을 고쳐 신지 말고
남의 오얏나무 밑에서 갓을 고쳐 쓰지 말라.

 바르게 따라 써 보세요.

남의	오이	밭에서	신을	고
쳐	신지	말고	남의	오얏나무
밑에서	갓을	고쳐	쓰지	말라.

 아래 칸에 맞춰 써 보세요.

남의 오이 밭에서 신을 고쳐 신지 말고
남의 오얏나무 밑에서 갓을 고쳐 쓰지 말라.

 괜한 일로 남에게 오해를 살 행동을 하지 말라는 뜻이에요. 남의 오이 밭에서 허리를 구부려
신발을 고쳐 신다가는 오이 도둑으로 오해받을 수 있지요. 오얏나무는 자두나무를 뜻해요.

정기편
16

耳不聞人之非하고 目不視人之短하고 口不言人之過라야 庶幾君子니라.
이불문인지비　　　목불시인지단　　　구불언인지과　　　서기군자

귀로는 남의 그릇됨을 듣지 않고
눈으로는 남의 단점을 보지 않고
입으로는 남의 허물을 말하지 않아야
군자라고 말할 수 있다.

 바르게 따라 써 보세요.

귀	로	는		남	의		그	릇	됨	을		듣	지
않	고		눈	으	로	는		남	의		단	점	을
보	지		않	고		입	으	로	는		남	의		허
물	을		말	하	지		않	아	야		군	자	라	고
말	할		수		있	다	.

 아래 칸에 맞춰 써 보세요.

귀로는 남의 그릇됨을 듣지 않고
눈으로는 남의 단점을 보지 않고
입으로는 남의 허물을 말하지 않아야
군자라고 말할 수 있다.

 사람을 대할 때는 그 사람의 좋은 점을 먼저 봐야 해요. 군자가 되고 싶다면,
다른 사람의 단점을 지적하기 전에 자기 자신에게 부족함이 없는지 먼저 살펴보세요.

정기편 17

無用之辯과 不急之察을 棄而勿治하라.
무용지변　　　불급지찰　　　기이물치

쓸데없는 말과 급하지 않은 일은
버려두고 하지 말라.

 바르게 따라 써 보세요.

| 쓸 | 데 | 없 | 는 | | 말 | 과 | | 급 | 하 | 지 | | 않 | 은 |
| 일 | 은 | | 버 | 려 | 두 | 고 | | 하 | 지 | | 말 | 라 | . |

 아래 칸에 맞춰 써 보세요.

쓸데없는 말과 급하지 않은 일은 버려두고 하지 말라.

 쓸데없는 말은 안 하느니 못해요. 또 일어나지도 않은 일 때문에 고민하고 부산을 떠는 것도 좋지 않아요.
꼭 필요한 일만 하되 쓸데없는 일에 매이지 말라는 뜻이에요.

知足者는 貧賤亦樂이요, 不知足者는 富貴亦憂라.
지족자　　　　빈천역락　　　　　　부지족자　　　　부귀역우

만족할 줄 아는 사람은
가난하고 천해도 즐거울 것이요,
만족할 줄 모르는 사람은
부유하고 귀해도 근심스럽다.

 바르게 따라 써 보세요.

만	족	할		줄		아	는		사	람	은		가
난	하	고		천	해	도		즐	거	울		것	이	요,
만	족	할		줄		모	르	는		사	람	은		부
유	하	고		귀	해	도		근	심	스	럽	다	.

 아래 칸에 맞춰 써 보세요.

만족할 줄 아는 사람은
가난하고 천해도 즐거울 것이요,
만족할 줄 모르는 사람은
부유하고 귀해도 근심스럽다.

 다른 사람과 자신을 끊임없이 비교한다면 결코 행복할 수 없어요.
반면에 욕심을 부리지 않고 자기 삶에 만족한다면 걱정과 근심 없는 행복한 삶을 살 수 있답니다.

知足可樂이요, 務貪則憂니라.
지족가락　　　　무탐즉우

만족함을 알면 즐거울 것이요,
탐욕을 부리면 근심하게 된다.

 바르게 따라 써 보세요.

	만	족	함	을		알	면		즐	거	울		것	이
요	,		탐	욕	을		부	리	면		근	심	하	게
된	다	.												

 아래 칸에 맞춰 써 보세요.

만족함을 알면 즐거울 것이요,
탐욕을 부리면 근심하게 된다.

 자신의 삶에 만족할 줄 알면 사는 게 즐겁고 욕심을 부리면 세상살이가 힘들어요.
사람은 누구나 욕심을 가지고 있어요. 하지만 지나친 욕심은 금물이에요.

滿招損하고 謙受益이니라.
만초손   겸수익

가득 차면 손실을 부르고
겸손하면 이익을 얻는다.

 바르게 따라 써 보세요.

가득 차면 손실을 부르고
겸손하면 이익을 얻는다.

 아래 칸에 맞춰 써 보세요.

가득 차면 손실을 부르고 겸손하면 이익을 얻는다.

 지금 당장 내 손에 부와 명예를 쥐고 있다고 해서 그것이 오래갈 거라고 생각하면 안 돼요.
시간이 지나면 언젠가 부와 명예도 사라질 수 있어요. 그러니 항상 겸손한 마음을 가져야 해요.

懼法朝朝樂이요, 欺公日日憂니라.
구법조조락   기공일일우

법을 두려워하면 아침마다 즐거울 것이요,
공정함을 속이면 날마다 근심할 것이다.

 바르게 따라 써 보세요.

법	을		두	려	워	하	면		아	침	마	다
즐	거	울		것	이	요	,	공	정	함	을	속	이
면		날	마	다		근	심	할		것	이	다	.

 아래 칸에 맞춰 써 보세요.

법을 두려워하면 아침마다 즐거울 것이요,
공정함을 속이면 날마다 근심할 것이다.

 법은 사람과 사람 사이에 지켜야 할 약속이에요. 법을 지키지 않으면 사회 질서가 무너져요.
또한, 공정함을 속이면 자신의 양심을 속이는 일이기 때문에 두고두고 마음도 편치 않답니다.

聰明思睿라도 守之以愚하고 功被天下라도 守之以讓이니라.
총명사예   수지이우   공피천하   수지이양

총명하고 생각이 뛰어나도 어리석은 척하고
공적이 천하를 덮는다 해도 겸양을 알아야 한다.

 바르게 따라 써 보세요.

총	명	하	고		생	각	이		뛰	어	나	도
어	리	석	은		척	하	고		공	적	이		천	하
를		덮	는	다		해	도		겸	양	을		알	아
야		한	다	.								

 아래 칸에 맞춰 써 보세요.

총명하고 생각이 뛰어나도 어리석은 척하고
공적이 천하를 덮는다 해도 겸양을 알아야 한다.

 교양 있고 자기 수양을 한 사람일수록 다른 사람 앞에서 자기를 내세우려고 하지 않는다는 뜻이에요.
겸양과 겸손의 미덕까지 지니고 있다면 주변 사람들이 더욱 높이 평가한답니다.

薄施厚望者는 不報하고 貴而忘賤者는 不久니라.
박시후망자　　　불보　　　　귀이망천자　　　불구

적게 베풀고 많은 것을 바라는
사람에게는 보답이 없고
높은 자리에 오른 뒤 어려웠던 때를
잊는 사람은 오래가지 못한다.

 바르게 따라 써 보세요.

적	게		베	풀	고		많	은		것	을		바
라	는		사	람	에	게	는		보	답	이		없	고
높	은		자	리	에		오	른		뒤		어	려	웠
던		때	를		잊	는		사	람	은		오	래	가
지		못	한	다	.									

 아래 칸에 맞춰 써 보세요.

적게 베풀고 많은 것을 바라는
사람에게는 보답이 없고
높은 자리에 오른 뒤 어려웠던 때를
잊는 사람은 오래가지 못한다.

 선행을 베풀 때에는 보답을 바라고 해서는 안 돼요. 보답을 바라고 베푸는 친절은 친절이
아니기 때문이에요. 또한, 과거 어려웠던 때를 돌이켜 보면서 항상 겸손하게 살아야 한다는 뜻이에요.

24

守口如瓶하고 防意如城하라.
수구여병　　　　방의여성

입을 지키는 것은 병마개를 막듯 하고
욕심을 막는 것은 성을 지키듯 하라.

 바르게 따라 써 보세요.

	입	을		지	키	는		것	은		병	마	개	를
막	듯		하	고		욕	심	을		막	는		것	은
성	을		지	키	듯		하	라	.					

 아래 칸에 맞춰 써 보세요.

입을 지키는 것은 병마개를 막듯 하고
욕심을 막는 것은 성을 지키듯 하라.

 꼭 필요하지 않은 말은 하지 말며, 말할 때는 항상 신중해야 해요. 욕심도 마찬가지예요.
헛된 욕심 때문에 자신이 가지고 있는 것을 잃을 수도 있으니 조심하고 또 조심해야 한답니다.

施恩勿求報하고 與人勿追悔하라.
시은물구보   여인물추회

은혜를 베풀었으면 보답을 바라지 말고
남에게 주었으면 그 뒤에 후회하지 말라.

 바르게 따라 써 보세요.

	은	혜	를		베	풀	었	으	면		보	답	을
바	라	지		말	고		남	에	게		주	었	으	면
그		뒤	에		후	회	하	지		말	라	.	

 아래 칸에 맞춰 써 보세요.

은혜를 베풀었으면 보답을 바라지 말고
남에게 주었으면 그 뒤에 후회하지 말라.

 은혜를 베풀었으면 베푼 것으로 만족해야 해요. 어떤 대가를 바라고 베푸는 것은 옳지 않아요.
다른 사람에게 베풀고 나서 보상을 바라고 후회를 하는 것 또한 어리석은 일이에요.

心不負人이면 面無慚色이니라.
심불부인   면무참색

마음이 남에게 거리낌이 없다면
얼굴에 부끄러운 빛이 드러나지 않는다.

 바르게 따라 써 보세요.

마	음	이		남	에	게		거	리	낌	이		없
다	면		얼	굴	에		부	끄	러	운		빛	이
드	러	나	지		않	는	다	.					

 아래 칸에 맞춰 써 보세요.

마음이 남에게 거리낌이 없다면
얼굴에 부끄러운 빛이 드러나지 않는다.

 다른 사람에게 잘못한 일이 없는 사람은 얼굴이 밝고 환해요. 하지만 다른 사람에게 잘못을 저지른 사람의 얼굴에는 불안과 그늘이 드리운답니다. 어떤 얼굴을 갖느냐는 자신이 하기 나름이에요.

心安茅屋穩이요, 性定菜羹香이니라.
심안모옥온 　　　　성정채갱향

마음이 편안하면 초가집도 편안하고
성품이 안정되면 나물국도 향기롭다.

 바르게 따라 써 보세요.

마	음	이		편	안	하	면		초	가	집	도
편	안	하	고		성	품	이		안	정	되	면	나
물	국	도		향	기	롭	다	.				

 아래 칸에 맞춰 써 보세요.

마음이 편안하면 초가집도 편안하고
성품이 안정되면 나물국도 향기롭다.

 공자는 '안회'라는 제자를 무척 아꼈는데, 그는 가난을 예사로 여기면서 학문에 몰두하는 성실한 사람이었어요. 안회처럼 마음이 편안하면 초가집도 편안하고 나물국도 향기롭게 느껴지는 법이에요.

責人者는 不全交요, 自恕者는 不改過니라.
책인자　　　　부전교　　　　자서자　　　　불개과

남을 꾸짖는 사람은 온전히 사귀지 못하고
자기를 용서하는 사람은 잘못을 고치지 못한다.

 바르게 따라 써 보세요.

남	을		꾸	짖	는		사	람	은		온	전	히
사	귀	지		못	하	고		자	기	를		용	서	하
는		사	람	은		잘	못	을		고	치	지		못
한	다	.											

 아래 칸에 맞춰 써 보세요.

남을 꾸짖는 사람은 온전히 사귀지 못하고
자기를 용서하는 사람은 잘못을 고치지 못한다.

 다른 사람의 잘못을 지적하고 다른 사람의 탓만 하는 사람은 친구를 사귀기 힘들어요.
또 잘못을 저질렀으면 잘못을 인정하고 다시는 똑같은 잘못을 되풀이하지 않도록 노력해야 해요.

生事事生이요, 省事事省이니라.
생사사생   성사사성

일을 만들면 일이 생기고
일을 덜면 일이 줄어든다.

 바르게 따라 써 보세요.

일을 만들면 일이 생기고
일을 덜면 일이 줄어든다.

 아래 칸에 맞춰 써 보세요.

일을 만들면 일이 생기고 일을 덜면 일이 줄어든다.

 쓸데없는 일에 빠져 시간만 보내지 말고 항상 모든 일을 충실히 해 나가라는 가르침이 담겨 있어요.
미리 계획하고 준비해서 꼭 필요한 일만 하도록 노력해 보세요.

忍一時之忿이면 免百日之憂리라.
인일시지분   면백일지우

한때의 분한 것을 참으면
백 일 동안의 근심을 면할 수 있다.

 바르게 따라 써 보세요.

	한	때	의		분	한		것	을		참	으	면
백		일		동	안	의		근	심	을		면	할
수		있	다	.									

 아래 칸에 맞춰 써 보세요.

한때의 분한 것을 참으면
백 일 동안의 근심을 면할 수 있다.

 다른 사람이 나에게 한 어떤 말과 행동 때문에 순간 화를 참지 못한다면 평생 후회할 일이 생길 수도 있어요.
조금만 참았으면 될 일을 더 크게 만들지 말고, 화가 나더라도 인내심을 가져 보세요.

屈己者는 能處重하고 好勝者는 必遇敵이니라.
굴기자　　　能처중　　　호승자　　　필우적

자기를 굽힐 줄 아는 사람은
중요한 자리를 차지할 것이요,
이기기를 좋아하는 사람은
반드시 적을 만나게 된다.

 바르게 따라 써 보세요.

	자	기	를		굽	힐		줄		아	는		사	람
은		중	요	한		자	리	를		차	지	할		것
이	요	,	이	기	기	를		좋	아	하	는		사	람
은		반	드	시		적	을		만	나	게		된	다 .

 아래 칸에 맞춰 써 보세요.

자기를 굽힐 줄 아는 사람은
중요한 자리를 차지할 것이요,
이기기를 좋아하는 사람은
반드시 적을 만나게 된다.

 다른 사람을 배려할 줄 아는 사람은 주변 사람들이 진심으로 그 사람을 믿고 따라요.
반면에 다른 사람과 경쟁하는 것을 좋아하는 사람은 쓸데없는 경쟁심으로 적을 만들기 쉽답니다.

得忍且忍이요, 得戒且戒하라. 不忍不戒면 小事成大니라.
득인차인   득계차계   불인불계   소사성대

참고 또 참아야 하고 경계하고 또 경계하라.
참지 못하고 경계하지 않으면 작은 일이 크게 된다.

 바르게 따라 써 보세요.

참	고		또		참	아	야		하	고		경	계
하	고		또		경	계	하	라	.		참	지		못	하
고		경	계	하	지		않	으	면		작	은		일
이		크	게		된	다	.						

 아래 칸에 맞춰 써 보세요.

참고 또 참아야 하고 경계하고 또 경계하라.
참지 못하고 경계하지 않으면 작은 일이 크게 된다.

 어리석은 사람은 당장에 노여움을 드러내지만 어진 사람은 모욕을 받아도 덮어 둔다는 이야기가 있어요.
화나는 마음을 참고 나면 모든 일이 편안해져요.

凡事에 留人情이면 後來에 好相見이리라.
범사   유인정   후래   호상견

모든 일에 따뜻한 정을 남겨 두면
나중에 좋은 얼굴로 다시 만나게 된다.

 바르게 따라 써 보세요.

모	든		일	에		따	뜻	한		정	을		남
겨		두	면		나	중	에		좋	은		얼	굴	로
다	시		만	나	게		된	다	.				

 아래 칸에 맞춰 써 보세요.

모든 일에 따뜻한 정을 남겨 두면
나중에 좋은 얼굴로 다시 만나게 된다.

 헤어질 때는 좋은 얼굴로 헤어져야 해요. 다시는 안 만날 것 같은 사람도 세상을 살다 보면
다시 만나게 되는 경우가 많아요. 그러니 사람을 사귈 때에는 따뜻한 마음으로 사귀어야 해요.

博學而篤志하고 切問而近思면 仁在其中矣니라.
박학이독지   절문이근사   인재기중의

넓게 배워 뜻을 돈독하게 하고
절실하게 묻고 가까운 것부터
잘 생각하면 옳은 것은 그 가운데 있다.

 바르게 따라 써 보세요.

넓	게		배	워		뜻	을		돈	독	하	게
하	고		절	실	하	게		묻	고		가	까	운
것	부	터		잘		생	각	하	면		옳	은	것
은		그		가	운	데		있	다	.

 아래 칸에 맞춰 써 보세요.

넓게 배워 뜻을 돈독하게 하고
절실하게 묻고 가까운 것부터
잘 생각하면 옳은 것은 그 가운데 있다.

 공부를 열심히 하는 것도 중요하지만, 책을 통해 배운 지식을 실천으로 옮기는 것이 더 중요해요.
아무리 지식이 많아도 실천으로 옮기지 못한다면 아무런 쓸모가 없어요.

學而智遠이면 如披祥雲而觀青天하고 登高山而望四海니라.
학이지원   여피상운이도청천   등고산이망사해

사람이 배워서 아는 것이 많아지면
구름을 헤치고 하늘을 보는 것과 같으며
산에 올라 사방을 내려다보는 것과 같다.

바르게 따라 써 보세요.

사	람	이		배	워	서		아	는		것	이
많	아	지	면		구	름	을		헤	치	고		하	늘
을		보	는		것	과		같	으	며		산	에
올	라		사	방	을		내	려	다	보	는		것	과
같	다	.

아래 칸에 맞춰 써 보세요.

사람이 배워서 아는 것이 많아지면
구름을 헤치고 하늘을 보는 것과 같으며
산에 올라 사방을 내려다보는 것과 같다.

공부를 열심히 하고 즐기다 보면 알지 못했던 것을 알게 되고, 보이지 않았던 것들이 보이기 시작해요.
마치 산에 올라 사방을 내려다보는 것처럼 세상을 바라보는 시야가 넓어지는 것이지요.

근학편 36

人生不學이면 如冥冥夜行이니라.
인생불학　　　　여명명야행

사람이 배우지 않으면
어둡고 어두운 밤길을 가는 것과 같다.

 바르게 따라 써 보세요.

사	람	이		배	우	지		않	으	면		어	둡
고		어	두	운		밤	길	을		가	는		것	과
같	다	.											

 아래 칸에 맞춰 써 보세요.

사람이 배우지 않으면
어둡고 어두운 밤길을 가는 것과 같다.

 교육은 사람이 사람답게 사는 법을 배우는 것이에요. 교육을 통해 세상의 이치를 알게 되면 두려움이 점점 사라져요. 배우는 것은 환한 등불을 얻는 것과 같답니다.

玉不琢이면 不成器하고 人不學이면 不知義니라.
옥불탁   불성기   인불학   부지의

옥은 다듬지 않으면 그릇이 되지 못하고
사람은 배우지 않으면 도리를 알지 못한다.

 바르게 따라 써 보세요.

옥	은		다	듬	지		않	으	면		그	릇	이
되	지			못	하	고		사	람	은		배	우	지
않	으	면		도	리	를		알	지			못	한	다	.

 아래 칸에 맞춰 써 보세요.

옥은 다듬지 않으면 그릇이 되지 못하고
사람은 배우지 않으면 도리를 알지 못한다.

 아무리 머리가 좋고 재주가 있어도 배우지 않으면 깨달을 수 없어요.
그렇기 때문에 교육을 통해 사람의 도리를 깨닫고 이를 실천으로 옮겨 바르게 살아야 해요.

學如不及이요, 惟恐失之니라.
학여불급   유공실지

배우기를 항상 부족한 것처럼 하고
배운 것을 잊어버릴까 두려워하라.

 바르게 따라 써 보세요.

배	우	기	를		항	상		부	족	한		것	처
럼		하	고		배	운		것	을		잊	어	버	릴
까		두	려	워	하	라	.						

 아래 칸에 맞춰 써 보세요.

배우기를 항상 부족한 것처럼 하고
배운 것을 잊어버릴까 두려워하라.

 배우는 것도 중요하지만 배운 것을 잊지 않도록 노력하고 복습하는 자세가 훨씬 중요해요.
배운 것이 많다고 자랑하지 말고, 교만해지지 말 것을 당부하는 말이에요.

人不通古今이면 馬牛而襟裾니라.
인불통고금   마우이금거

사람이 옛 일과 지금 일을
널리 배워 알지 못하면
말과 소에 옷을 입힌 것과 같다.

 바르게 따라 써 보세요.

사	람	이		옛		일	과		지	금		일	을
널	리		배	워		알	지		못	하	면		말	과
소	에		옷	을		입	힌		것	과		같	다	.

 아래 칸에 맞춰 써 보세요.

사람이 옛 일과 지금 일을 널리 배워 알지 못하면
말과 소에 옷을 입힌 것과 같다.

 사람이 성인의 말씀이나 책을 통해 배우지 않으면 말과 소에 옷을 입혀 둔 것처럼
사람 구실을 하지 못한다는 의미가 담겨 있어요.

憐兒거든 多與棒이요, 憎兒거든 多與食하라.
연아   다여봉   증아   다여식

아이를 사랑하거든 매를 많이 때리고
아이를 미워하거든 먹을 것을 많이 줘라.

 바르게 따라 써 보세요.

아	이	를		사	랑	하	거	든		매	를		많
이		때	리	고		아	이	를		미	워	하	거	든
먹	을		것	을		많	이		줘	라	.		

 아래 칸에 맞춰 써 보세요.

아이를 사랑하거든 매를 많이 때리고
아이를 미워하거든 먹을 것을 많이 줘라.

 자식을 잘 기르려면 자식의 비위를 맞추는 것보다 엄하게 가르쳐 길러야 한다는 뜻이에요.
자식이 잘못을 했을 때 엄하게 꾸짖어 바른 길로 가게 하는 것이 자식을 위한 길이에요.

明鏡은 所以察形이요, 往者는 所以知今이니라.
명경   소이찰형   왕자   소이지금

밝은 거울은 모습을 살피는 방법이고
지나간 일은 현재를 알 수 있는 방법이다.

 바르게 따라 써 보세요.

밝	은		거	울	은		모	습	을		살	피	는
방	법	이	고		지	나	간		일	은		현	재	를
알		수		있	는		방	법	이	다	.		

 아래 칸에 맞춰 써 보세요.

밝은 거울은 모습을 살피는 방법이고
지나간 일은 현재를 알 수 있는 방법이다.

 밝은 거울을 통해 자기 자신을 비추어 보듯 매일 자신에 대해 생각하고 돌아보아야 해요. 또한, 과거는
시간이 지나 현재가 되기 때문에 과거를 잘 살피면 오늘날 일어나는 일에 대해 자세히 파악할 수 있어요.

天有不測風雨하고 人有朝夕禍福이니라.
천유불측풍우   인유조석화복

하늘에는 예측할 수 없는 비바람이 있고
사람에게는 아침저녁으로 달라지는
재앙과 복이 있다.

 바르게 따라 써 보세요.

하	늘	에	는		예	측	할		수		없	는
비	바	람	이		있	고		사	람	에	게	는	아
침	저	녁	으	로		달	라	지	는		재	앙	과
복	이		있	다	.							

 아래 칸에 맞춰 써 보세요.

하늘에는 예측할 수 없는 비바람이 있고
사람에게는 아침저녁으로 달라지는
재앙과 복이 있다.

 언제 비바람이 불고 천둥 번개가 내려칠지 모르는 것처럼 사람의 앞날은 아무도 예측할 수 없어요.
그러니 항상 마음가짐을 바르게 해야 닥쳐올 일들에 올바르게 대처할 수 있답니다.

家和貧也好어니와 不義富如何오, 但存一子孝면 何用子孫多리요.
가화빈야호　　　　불의부여하　　　　단존일자효　　　　하용자손다

가정이 화목하면 가난해도 좋고
의롭지 못하면 부자인들 무엇하겠는가?
다만 한 자식이라도 효도하면 충분하지
자손이 많은들 무슨 소용이 있겠는가?

 바르게 따라 써 보세요.

가	정	이		화	목	하	면		가	난	해	도
좋	고		의	롭	지		못	하	면		부	자	인	들
무	엇	하	겠	는	가	?		다	만		한		자	식
이	라	도		효	도	하	면		충	분	하	지		자
손	이		많	은	들		무	슨		소	용	이		있
겠	는	가	?									

 아래 칸에 맞춰 써 보세요.

가정이 화목하면 가난해도 좋고
의롭지 못하면 부자인들 무엇하겠는가?
다만 한 자식이라도 효도하면 충분하지
자손이 많은들 무슨 소용이 있겠는가?

 가정이 화목하면 모든 일이 다 잘 풀려요. 가정이 화목하지 않으면 부자도 소용없지요.
또한, 효도하는 자식이 하나만 있다면 불효하는 자식이 아무리 많아도 부럽지 않다는 뜻이에요.

父不憂心因子孝요, 夫無煩惱是妻賢이라.
부불우심인자효   부무번뇌시처현

아버지가 마음에 근심이 없는 것은
자식이 효도하기 때문이고
남편이 번뇌함이 없는 것은
아내가 어질기 때문이다.

 바르게 따라 써 보세요.

아	버	지	가		마	음	에		근	심	이		없
는		것	은		자	식	이		효	도	하	기		때
문	이	고		남	편	이		번	뇌	함	이		없	는
것	은		아	내	가		어	질	기		때	문	이	다.

 아래 칸에 맞춰 써 보세요.

아버지가 마음에 근심이 없는 것은
자식이 효도하기 때문이고
남편이 번뇌함이 없는 것은
아내가 어질기 때문이다.

 아버지가 근심을 가지기 전에 자식이 효도로 아버지의 마음을 편안하게 해 줘야 해요.
또한, 아내의 따뜻한 말과 배려가 남편을 든든한 가장으로 만들어 주지요.

성심편 **45**

甚愛必甚費요, 甚譽必甚毁이니라.
심애필심비   심예필심훼

지나치게 아끼면 반드시 심한 낭비를 가져오고
칭찬이 심하면 반드시 시기를 당할 것이다.

 바르게 따라 써 보세요.

지나치게	아끼면	반드시	심
한	낭비를	가져오고	칭찬이
심하면	반드시	시기를	당할
것이다.			

 아래 칸에 맞춰 써 보세요.

지나치게 아끼면 반드시 심한 낭비를 가져오고
칭찬이 심하면 반드시 시기를 당할 것이다.

 앞뒤를 따지지 않고 무조건 아끼기만 하다 보면 오히려 더 큰 낭비로 이어질 수 있어요.
또 칭찬이 지나치게 많으면 주변 사람들로부터 시기와 질투를 받기 십상이에요.

甚喜必甚憂요, 甚贓必甚亡이니라.
심희필심우   심장필심망

기쁨이 지나치면 반드시 근심을 가져오고
지나치게 뇌물을 탐하면 반드시 망하게 된다.

 바르게 따라 써 보세요.

	기	쁨	이		지	나	치	면		반	드	시		근
심	을		가	져	오	고		지	나	치	게		뇌	물
을		탐	하	면		반	드	시		망	하	게		된
다	.													

 아래 칸에 맞춰 써 보세요.

기쁨이 지나치면 반드시 근심을 가져오고
지나치게 뇌물을 탐하면 반드시 망하게 된다.

 지나치게 기뻐 함부로 행동하면 오히려 걱정을 불러오고, 지나치게 뇌물을 좋아하면
반드시 망하게 돼요. 그러니 무엇이든 지나치면 모자라는 것만 못하답니다.

欲知未來어든 先察已然하라.
욕지미래   선찰이연

미래를 알고자 하면
이미 지나간 것을 살펴야 한다.

 바르게 따라 써 보세요.

	미	래	를		알	고	자		하	면		이	미
지	나	간		것	을		살	펴	야		한	다	.

 아래 칸에 맞춰 써 보세요.

미래를 알고자 하면 이미 지나간 것을 살펴야 한다.

 과거는 오늘을 있게 만들었고, 오늘은 또 내일을 만들어 가는 과정 중 하나예요.
그러니 과거에 어떤 일이 있었는지 잘 살펴보면 미래에 일어날 일들도 어느 정도 예측할 수 있어요.

海枯終見底나 人死不知心이니라.
해고종견저   인사부지심

바다는 마르면 마침내 바닥을 볼 수 있으나
사람은 죽고 나서도 그 속마음을 알 수 없다.

 바르게 따라 써 보세요.

바	다	는		마	르	면		마	침	내		바	닥
을		볼		수		있	으	나		사	람	은		죽
고		나	서	도		그		속	마	음	을		알
수		없	다	.

 아래 칸에 맞춰 써 보세요.

바다는 마르면 마침내 바닥을 볼 수 있으나
사람은 죽고 나서도 그 속마음을 알 수 없다.

 아무리 가족이라고 해도, 친한 친구라도 해도 가족과 친구의 마음을 속속들이 다 알 수는 없어요.
사람의 마음은 각자 다르고 천차만별이기 때문이에요.

若聽一面說이면 便見相離別이니라.
약청일면설　　　　변견상이별

만약 한쪽 말만 들으면
곧 서로 사이가 멀어지게 된다.

 바르게 따라 써 보세요.

만약　한쪽　말만　들으면　곧
서로　사이가　멀어지게　된다.

 아래 칸에 맞춰 써 보세요.

만약 한쪽 말만 들으면 곧 서로 사이가 멀어지게 된다.

 무슨 일이 생겼을 때는 관련된 사람들의 이야기를 다 들어봐야 해요. 어느 한쪽의 이야기만 듣는다면 일을 공평하게 처리할 수 없어요. 사람은 누구나 다 자기 입장에서 생각하고 말하기 때문이에요.

巧者는 拙之奴요, 苦者는 樂之母니라.
교자 졸지노 고자 낙지모

재주 있는 사람은 재주 없는 사람의 종이요,
괴로움은 즐거움의 어머니이다.

 바르게 따라 써 보세요.

재주	있는	사람은	재주	없		
는	사람의	종이요,	괴로움은			
즐거움의	어머니이다.					

 아래 칸에 맞춰 써 보세요.

재주 있는 사람은 재주 없는 사람의 종이요,
괴로움은 즐거움의 어머니이다.

 재주가 너무 많은 사람은 하루도 편할 날이 없어요. 늘 사람들 앞에서 재주를 부려야 하니까요.
또한, 어려움과 고난을 이겨내고 나면 더 큰 보상이 뒤따르기 때문에 괴로움은 즐거움의 어머니라고 해요.

寧塞無底缸이언정 難塞鼻下橫이니라.
영색무저항　　　　　난색비하횡

차라리 밑 빠진 항아리는 막을 수 있지만
코 아래 가로놓인 입은 막기 어렵다.

 바르게 따라 써 보세요.

	차	라	리		밑		빠	진		항	아	리	는
막	을		수		있	지	만		코		아	래		가
로	놓	인		입	은		막	기		어	렵	다	.

 아래 칸에 맞춰 써 보세요.

차라리 밑 빠진 항아리는 막을 수 있지만
코 아래 가로놓인 입은 막기 어렵다.

 깨진 항아리에 물을 부으면 물이 줄줄 샐 거예요. 그런 깨진 항아리를 물이 새지 않도록 막는 것보다
우리가 무심코 내뱉는 말을 막는 것이 훨씬 더 어렵다는 뜻이에요.

成家之兒는 惜糞如金하고 敗家之兒는 用金如糞하나니라.
성가지아   석분여금   패가지아   용금여분

집안을 이룰 아이는 거름도 황금처럼 아끼고
집안을 망칠 아이는 황금도 거름처럼 펑펑 쓴다.

 바르게 따라 써 보세요.

집	안	을		이	룰		아	이	는		거	름	도
황	금	처	럼		아	끼	고		집	안	을		망	칠
아	이	는		황	금	도		거	름	처	럼		펑	펑
쓴	다	.											

 아래 칸에 맞춰 써 보세요.

집안을 이룰 아이는 거름도 황금처럼 아끼고
집안을 망칠 아이는 황금도 거름처럼 펑펑 쓴다.

 거름처럼 하찮은 물건도 황금을 다루듯이 아끼는 집은 금방 부자가 될 수 있어요.
하지만 아무리 귀한 것이라도 거름처럼 펑펑 쓰는 집은 서서히 망할 수밖에 없어요.

一日淸閑이면 一日仙이니라.
일일청한   일일선

하루라도 마음이 맑고 편하면
그날 하루는 신선이 된다.

 바르게 따라 써 보세요.

| 하 | 루 | 라 | 도 | | 마 | 음 | 이 | | 맑 | 고 | | 편 | 하 |
| 면 | | 그 | 날 | | 하 | 루 | 는 | | 신 | 선 | 이 | | 된 | 다. |

 아래 칸에 맞춰 써 보세요.

하루라도 마음이 맑고 편하면
그날 하루는 신선이 된다.

 매일 걱정과 근심으로 전전긍긍하며 하루를 보내는 사람이 있어요. 때로는 모든 걱정을 잊고
맑고 편안한 마음을 가져 보세요. 그러면 그날 하루는 신선도 부럽지 않을 거예요.

無藥可醫卿相壽요, 有錢難買子孫賢이니라.
무약가의경상수　　　유전난매자손현

약으로도 정승의 목숨을 고칠 수 없고
돈이 있어도 자손의 현명함을 살 수 없다.

 바르게 따라 써 보세요.

	약	으	로	도		정	승	의		목	숨	을		고
칠		수		없	고		돈	이		있	어	도		자
손	의		현	명	함	을		살		수		없	다	.

 아래 칸에 맞춰 써 보세요.

약으로도 정승의 목숨을 고칠 수 없고
돈이 있어도 자손의 현명함을 살 수 없다.

 돈이 많고 지위가 높은 사람도 자기의 건강은 마음대로 할 수 없고,
돈이 많은 부자라도 자신의 뜻대로 자식을 키우기는 어렵다는 뜻이 담겨 있어요.

欲識其人이면 先視其友하고 欲知其父면 先視其子하라.
욕식기인   선시기우   욕지기부   선시기자

그 사람을 알고자 하면 먼저 그의 친구를 보고
그 아버지를 알고자 하면 먼저 그의 자식을 보라.

 바르게 따라 써 보세요.

	그		사	람	을		알	고	자		하	면		먼
저		그	의		친	구	를		보	고		그		아
버	지	를		알	고	자		하	면		먼	저		그
의		자	식	을		보	라	.						

 아래 칸에 맞춰 써 보세요.

그 사람을 알고자 하면 먼저 그의 친구를 보고
그 아버지를 알고자 하면 먼저 그의 자식을 보라.

 사람은 비슷한 사람들끼리 어울리게 마련이에요. 그렇기 때문에 아들을 보면 아버지를,
친구를 보면 그 사람의 됨됨이를 알 수 있어요.

接物之要는 己所不欲을 勿施於人하고 行有不得이어든 反求諸己니라.
접물지요　　기소불욕　　물시어인　　　행유부득　　　반구저기

사람을 대할 때 중요한 것은
자기가 하기 싫은 일을 남에게 시키지 말고
행하고도 결과를 얻지 못하는 것이 있으면
그 원인을 자기에게서 찾아야 한다.

 바르게 따라 써 보세요.

사	람	을		대	할		때		중	요	한		것
은		자	기	가		하	기		싫	은		일	을
남	에	게		시	키	지		말	고		행	하	고	도
결	과	를		얻	지		못	하	는		것	이		있
으	면		그		원	인	을		자	기	에	게	서
찾	아	야		한	다	.							

 아래 칸에 맞춰 써 보세요.

사람을 대할 때 중요한 것은
자기가 하기 싫은 일을 남에게 시키지 말고
행하고도 결과를 얻지 못하는 것이 있으면
그 원인을 자기에게서 찾아야 한다.

 내가 하기 싫은 일이 있다고 다른 사람에게 시키면 안 돼요. 내가 하기 싫은 일은 다른 사람도
하기 싫어한답니다. 또한, 자신이 원인을 제공한 일은 스스로 결과도 책임져야 해요.

水至淸則無魚하고 人至察則無徒니라.
수지청즉무어   인지찰즉무도

물이 너무 맑으면 고기가 살지 않고
사람이 너무 따지면 친구가 없다.

 바르게 따라 써 보세요.

	물	이		너	무		맑	으	면		고	기	가
살	지		않	고		사	람	이		너	무		따	지
면		친	구	가		없	다	.				

 아래 칸에 맞춰 써 보세요.

물이 너무 맑으면 고기가 살지 않고
사람이 너무 따지면 친구가 없다.

 물이 너무 맑으면 물고기들이 숨을 곳이 없어서 큰 물고기가 살지 않아요. 이 말은 사람이 지나치게 까다롭게 굴거나 똑똑한 척을 하면 다른 사람들이 그 사람을 어려워하고 피하기 때문에 친구가 없다는 뜻이에요.

無故而得千金이면 不有大福이라 必有大禍이니라.
무고이득천금   불유대복   필유대화

까닭 없이 천금을 얻으면
큰 복이 있는 것이 아니라
반드시 큰 재앙이 있을 것이다.

 바르게 따라 써 보세요.

까닭	없이	천금을	얻으면
큰	복이	있는	것이	아니라
반드시	큰	재앙이	있을	것이
다.				

 아래 칸에 맞춰 써 보세요.

까닭 없이 천금을 얻으면 큰 복이 있는 것이 아니라
반드시 큰 재앙이 있을 것이다.

 큰돈을 얻은 사람 중에는 돈 때문에 불행해졌다는 사람이 많이 있어요. 사람들의 욕심과 이기심이
큰 행운도 불행으로 만드는 것이에요. 그래서 갑자기 재물을 얻으면 조심하고 긴장하라는 뜻이에요.

大廈千間이라도 夜臥八尺이요, 良田萬頃이라도 日食二升이니라.
대하천간　　　　　야와팔척　　　　　양전만경　　　　　일식이승

천 칸이나 되는 큰 집이라도
밤에 여덟 자면 누워서 자고
좋은 밭이 만 이랑이라도
하루에 쌀 두 되면 먹는다.

 바르게 따라 써 보세요.

	천		칸	이	나		되	는		큰		집	이	라
도		밤	에		여	덟		자	면		누	워	서	
자	고		좋	은		밭	이		만		이	랑	이	라
도		하	루	에		쌀		두		되	면		먹	는
다	.													

 아래 칸에 맞춰 써 보세요.

천 칸이나 되는 큰 집이라도
밤에 여덟 자면 누워서 자고
좋은 밭이 만 이랑이라도
하루에 쌀 두 되면 먹는다.

 집이 아무리 크고 넓어도 자는 곳은 일부이며, 아무리 먹을 게 많아도 하루 세끼 이상 먹기는 힘들어요. 다른 사람에게 보여 주기 위해 겉치레에 힘쓰다 보면 나중에 후회할 일이 생긴답니다.

不恨自家汲繩短하고 只恨他家苦井深이라.
불한자가급승단   지한타가고정심

자기 두레박줄이 짧은 것은 탓하지 않고
남의 집 우물이 깊어서 힘들다고 탓한다.

 바르게 따라 써 보세요.

자	기		두	레	박	줄	이		짧	은		것	은
탓	하	지		않	고		남	의		집		우	물	이
깊	어	서		힘	들	다	고		탓	한	다	.

 아래 칸에 맞춰 써 보세요.

자기 두레박줄이 짧은 것은 탓하지 않고
남의 집 우물이 깊어서 힘들다고 탓한다.

 '잘되면 제 탓, 못되면 조상 탓'이라는 속담이 있어요.
잘되는 일은 다 자기 공이고 잘못된 일은 남을 탓하는 것을 경계하는 말이에요.

 성심편 61

尺璧非寶요, 寸陰是競이니라.
척벽비보   촌음시경

한 자 되는 둥근 옥이 보배가 아니라
한 치의 시간을 다투어야 한다.

 바르게 따라 써 보세요.

	한	자	되	는	둥	근	옥	이	보
배	가	아	니	라	한	치	의	시	간	을
다	투	어	야	한	다	.			

 아래 칸에 맞춰 써 보세요.

한 자 되는 둥근 옥이 보배가 아니라
한 치의 시간을 다투어야 한다.

 아무리 짧은 시간이라도 천금과 같이 중요하다는 뜻이에요. 시간은 한 번 흘러가면 돌이킬 수 없어요.
그러니 일 분 일 초를 아껴야 한답니다.

入山擒虎는 易나 開口告人은 難이니라.
입산금호   이   개구고인   난

산에 들어가 호랑이를 잡기는 쉬워도
입을 열어 남에게 충고하기는 어렵다.

 바르게 따라 써 보세요.

	산	에		들	어	가		호	랑	이	를		잡	기
는		쉬	워	도		입	을		열	어		남	에	게
충	고	하	기	는		어	렵	다	.	

 아래 칸에 맞춰 써 보세요.

산에 들어가 호랑이를 잡기는 쉬워도
입을 열어 남에게 충고하기는 어렵다.

 호랑이를 잡는 것보다 더 어려운 것이 입을 열어 남에게 충고하는 것이에요.
그만큼 다른 사람 일에 조언이나 충고하는 것은 신중해야 한답니다.

遠水는 不救近火요, 遠親은 不如近隣이니라.
원수   불구근화   원친   불여근인

멀리 있는 물은 가까이 있는 불을 끄지 못하고
먼 곳에 사는 친척은 가까이 사는 이웃만 못하다.

 바르게 따라 써 보세요.

	멀	리		있	는		물	은		가	까	이		있
는		불	을		끄	지		못	하	고		먼		곳
에		사	는		친	척	은		가	까	이		사	는
이	웃	만		못	하	다	.							

 아래 칸에 맞춰 써 보세요.

멀리 있는 물은 가까이 있는 불을 끄지 못하고
먼 곳에 사는 친척은 가까이 사는 이웃만 못하다.

 지금 당장 불을 꺼야 하는데 물이 먼 데 있다면 아무 소용이 없어요.
마찬가지로 멀리 떨어져 있는 친척보다는 가까이 살고 있는 이웃이 도움이 될 때가 많아요.

성심편 **64**

器滿則溢하고 人滿則喪이니라.
기만즉일   인만즉상

그릇이 가득 차면 넘치고
사람이 가득 차면 잃게 된다.

 바르게 따라 써 보세요.

| 그 | 릇 | 이 | | 가 | 득 | | 차 | 면 | | 넘 | 치 | 고 |
| 사 | 람 | 이 | | 가 | 득 | | 차 | 면 | | 잃 | 게 | | 된 | 다. |

 아래 칸에 맞춰 써 보세요.

그릇이 가득 차면 넘치고 사람이 가득 차면 잃게 된다.

 물이 가득 차 있는 그릇에 물을 계속 부으면 물이 바닥으로 넘쳐서 흘러요. 사람의 욕심도 마찬가지로
부와 권력을 쥐고 나면 멈춰야 하는데 자꾸 더 많은 욕심을 부리며 자만하게 되지요.

良田萬頃이 不如薄藝隨身이니라.
양전만경   불여박예수신

기름진 땅 만 이랑을 가지느니
작은 재주를 몸에 지니고 있는 게 낫다.

 바르게 따라 써 보세요.

기	름	진		땅		만		이	랑	을		가	지
느	니		작	은		재	주	를		몸	에		지	니
고		있	는		게		낫	다	.					

 아래 칸에 맞춰 써 보세요.

기름진 땅 만 이랑을 가지느니
작은 재주를 몸에 지니고 있는 게 낫다.

 아무리 많은 재물을 가지고 있어도 내가 가진 재능 하나만 못해요.
재물은 쓰다 보면 바닥을 드러내지만 재능은 그렇지가 않기 때문이지요.

旣取非常樂이거든 須防不測憂니라.
기취비상락　　　수방불측우

이미 지나친 즐거움을 누렸다면
뜻하지 않게 다가올 근심에 대비하라.

 바르게 따라 써 보세요.

이	미		지	나	친		즐	거	움	을		누	렸
다	면		뜻	하	지		않	게		다	가	올		근
심	에		대	비	하	라	.						

 아래 칸에 맞춰 써 보세요.

이미 지나친 즐거움을 누렸다면
뜻하지 않게 다가올 근심에 대비하라.

 즐거움과 근심은 이웃 사이예요. 뜻하지 않게 찾아오는 기쁜 일은 항상 그것으로만
끝나지 않을 때가 많아요. 그러니 경거망동하지 말고, 혹시 있을 근심에 대비해야 하지요.

疑人이면 莫用하고 用人이면 勿疑하라.
의인   막용   용인   물의

의심스러운 사람은 쓰지 말고
사람을 믿고 썼으면 의심하지 말라.

 바르게 따라 써 보세요.

의	심	스	러	운		사	람	은		쓰	지		말
고		사	람	을		믿	고		썼	으	면		의	심
하	지		말	라	.								

 아래 칸에 맞춰 써 보세요.

의심스러운 사람은 쓰지 말고
사람을 믿고 썼으면 의심하지 말라.

 처음 사람을 쓸 때는 이 일에 적당한 사람인지 신중히 알아봐야 해요. 하지만 사람을 쓰고 난 후에는 쓸데없는 간섭과 의심을 거두어야 그 사람이 충분히 능력을 발휘해 그 일을 잘할 수 있답니다.

飽暖에는 思淫慾하고 飢寒에는 發道心이니라.
포난   사음욕   기한   발도심

배부르고 따뜻하면 나쁜 마음이 생기고
배고프고 추워야 올바른 마음이 생긴다.

 바르게 따라 써 보세요.

배	부	르	고		따	뜻	하	면		나	쁜		마
음	이		생	기	고		배	고	프	고		추	워	야
올	바	른		마	음	이		생	긴	다	.			

 아래 칸에 맞춰 써 보세요.

배부르고 따뜻하면 나쁜 마음이 생기고
배고프고 추워야 올바른 마음이 생긴다.

 사람은 배부르고 따뜻한 곳에서 호강하며 살면 불순한 마음이 생겨요.
반면에 굶주리고 추운 곳에서 고생하며 살면 사람이 지켜야 할 도리를 생각하게 된답니다.

성심편
69

不經一事면 不長一智니라.
불경일사   부장일지

한 가지 일을 경험하지 않으면
한 가지 지혜가 자라나지 않는다.

 바르게 따라 써 보세요.

	한	가	지		일	을		경	험	하	지		않
으	면		한		가	지		지	혜	가		자	라	나
지		않	는	다	.								

 아래 칸에 맞춰 써 보세요.

한 가지 일을 경험하지 않으면
한 가지 지혜가 자라나지 않는다.

 자신이 직접 경험하지 않은 일을 속단하는 것은 아주 위험해요. 사람은 자신이 직접 겪어봐야
그 일에 대해 정확히 알기 때문이에요. 그러니 항상 다양한 경험을 통해 지혜를 쌓으려고 노력해야 해요.

黃金千兩이 未爲貴요, 得人一語가 勝千金이니라.
황금천량　　미위귀　　득인일어　　승천금

황금 천 냥이 귀중한 것이 아니고
사람의 좋은 말 한 마디를 얻는 것이 천금보다 낫다.

 바르게 따라 써 보세요.

황	금		천		냥	이		귀	중	한		것	이
아	니	고		사	람	의		좋	은		말		한
마	디	를		얻	는		것	이		천	금	보	다
낫	다	.

 아래 칸에 맞춰 써 보세요.

황금 천 냥이 귀중한 것이 아니고
사람의 좋은 말 한 마디를 얻는 것이 천금보다 낫다.

 아무리 많은 돈도 좋은 말 한마디보다 값질 수는 없어요. 돈은 쉽게 잃을 수 있지만,
값진 말 한마디는 평생을 가며, 한 사람의 인생을 바로잡아 주기 때문이에요.

입교편
71

一生之計는 在於幼하고 一年之計는 在於春하고 一日之計는 在於寅이니라.
일생지계　　　재어유　　　　일년지계　　　재어춘　　　　일일지계　　　재어인

일생의 계획은 어릴 때 있고
일 년의 계획은 봄에 있으며
하루의 계획은 새벽에 있다.

 바르게 따라 써 보세요.

	일	생	의		계	획	은		어	릴		때		있
고		일		년	의		계	획	은		봄	에		있
으	며		하	루	의		계	획	은		새	벽	에	
있	다	.												

 아래 칸에 맞춰 써 보세요.

일생의 계획은 어릴 때 있고
일 년의 계획은 봄에 있으며
하루의 계획은 새벽에 있다.

 무슨 일을 하든지 철저하게 계획을 세우고 시작해야 해요. 계획성 없는 일은 실패하기 쉬워요.
자신이 하고 싶은 일을 찾고, 그 일을 이루기 위해 계획하고 노력해야 한답니다.

忠臣은 不事二君이요, 烈女는 不更二夫니라.
충신　　불사이군　　　열녀　　불경이부

충신은 두 임금을 섬기지 않고
열녀는 두 남편을 섬기지 않는다.

 바르게 따라 써 보세요.

충	신	은		두		임	금	을		섬	기	지
않	고		열	녀	는		두		남	편	을		섬	기
지		않	는	다.

 아래 칸에 맞춰 써 보세요.

충신은 두 임금을 섬기지 않고
열녀는 두 남편을 섬기지 않는다.

 나라가 아무리 어려운 상황에 처해도 충성스러운 신하는 임금을 배신하고 다른 임금을 섬기지 않아요.
또 옛날에는 남편과 가정에 충실한 아내를 '열녀'라고 부르며 칭송했답니다.

讀書는 起家之本이요, 循理는 保家之本이니라.
독서　　기가지본　　　　순리　　　보가지본

독서는 집안을 일으키는 근본이요,
도리는 집안을 지키는 근본이다.

 바르게 따라 써 보세요.

	독	서	는		집	안	을		일	으	키	는		근
본	이	요	,		도	리	는		집	안	을		지	키	는
근	본	이	다	.										

 아래 칸에 맞춰 써 보세요.

독서는 집안을 일으키는 근본이요,
도리는 집안을 지키는 근본이다.

 책을 읽으면 그 속에서 살아갈 방법들을 알 수 있다는 뜻이에요. 책을 많이 읽어 지혜를 익히고
모든 일을 도리에 맞게 처리한다면 화목하고 행복한 가정을 일구어 집안을 지키는 근본이 된답니다.

治官엔 莫若平이요, 臨財에는 莫若廉이니라.
치관　　막약평　　　임재　　　막약염

관리가 일을 할 때는 공평해야 하고
재물을 다루는 일에는 청렴해야 한다.

 바르게 따라 써 보세요.

관리가 일을 할 때는 공평
해야 하고 재물을 다루는 일
에는 청렴해야 한다.

 아래 칸에 맞춰 써 보세요.

관리가 일을 할 때는 공평해야 하고
재물을 다루는 일에는 청렴해야 한다.

 관리는 국민의 심부름꾼이어야 해요. 국민의 편에 서서 국민을 위해 일해야 하며,
절대 자신의 욕심을 채우기 위해 불공평하게 일을 처리하고 뇌물을 받아서는 안 되지요.

凡語를 必忠信하며 凡行을 必篤敬하라.
범어　　　필충신　　　범행　　　필독경

말은 진실하고 믿음 있게 하고
행동은 돈독하고 공경스럽게 하라.

 바르게 따라 써 보세요.

말	은		진	실	하	고		믿	음		있	게
하	고		행	동	은		돈	독	하	고		공	경	스
럽	게		하	라	.							

 아래 칸에 맞춰 써 보세요.

말은 진실하고 믿음 있게 하고
행동은 돈독하고 공경스럽게 하라.

 다른 사람을 대할 때는 항상 신의 있는 태도로 대해야 해요.
신의는 성실하고 믿음직한 말투와 겸손하고 차분한 행동을 통해 드러난답니다.

見善을 如己出하며 見惡을 如己病하라.
견선　　　여기출　　　견악　　　여기병

착한 일을 보면 내 일처럼 기뻐하며
나쁜 일을 보면 내 병처럼 미워하라.

 바르게 따라 써 보세요.

착	한		일	을		보	면		내		일	처	럼
기	뻐	하	며		나	쁜		일	을		보	면		내
병	처	럼		미	워	하	라	.

 아래 칸에 맞춰 써 보세요.

착한 일을 보면 내 일처럼 기뻐하며
나쁜 일을 보면 내 병처럼 미워하라.

 꼭 내가 한 일이 아니더라도 다른 사람의 착한 행동을 보면 마치 내 일처럼 기뻐해 주며 칭찬해줘요.
반면에 다른 사람의 나쁜 행동을 보면 마치 내 몸에 생겨난 병처럼 멀리해야 하지요.

一命之士가 苟有存心於愛物이면 於人에 必有所濟니라.
일명지사　　　구유존심어애물　　　어인　　　필유소제

처음 벼슬자리에 오른 선비라도
남을 사랑하는 마음을 가진다면
사람들에게 반드시 도움을 줄 것이다.

 바르게 따라 써 보세요.

처	음		벼	슬	자	리	에		오	른		선	비
라	도		남	을		사	랑	하	는		마	음	을
가	진	다	면		사	람	들	에	게		반	드	시
도	움	을		줄		것	이	다	.				

 아래 칸에 맞춰 써 보세요.

처음 벼슬자리에 오른 선비라도
남을 사랑하는 마음을 가진다면
사람들에게 반드시 도움을 줄 것이다.

 벼슬은 나를 위하는 것이 아니라 다른 사람을 위하는 것이라는 사실을 알아야 해요. 그래서 처음 벼슬을
하는 선비라도 다른 사람을 위하는 마음을 가지고 있다면 사람들에게 도움을 줄 수 있어요.

當官之法이 唯有三事하니 曰淸曰愼曰勤이라.
당관지법　　　유유삼사　　　왈청왈신왈근

관직을 맡은 사람이 지켜야 할 세 가지 원칙은
청렴함과 신중함과 부지런함이다.

 바르게 따라 써 보세요.

	관	직	을		맡	은		사	람	이		지	켜	야
할		세		가	지		원	칙	은		청	렴	함	과
신	중	함	과		부	지	런	함	이	다	.			

 아래 칸에 맞춰 써 보세요.

관직을 맡은 사람이 지켜야 할 세 가지 원칙은
청렴함과 신중함과 부지런함이다.

 청렴하지 못해 뇌물을 받으면 곧 들통이 나 사람들에게 비난을 받고, 신중하지 못하면 일을 그르치고,
부지런하지 못하면 일을 제대로 수행할 수 없으니 관직에서 쫓겨나게 된답니다.

兄弟爲手足하고 夫婦爲衣服이니라.
형제위수족   부부위의복

형제는 손발과 같고
부부는 옷과 같다.

 바르게 따라 써 보세요.

형제는 손발과 같고 부부는
옷과 같다.

 아래 칸에 맞춰 써 보세요.

형제는 손발과 같고 부부는 옷과 같다.

 부부는 옷과 같아서 옷이 찢어지면 다시 깁거나 갈아입을 수 있지만,
형제는 손발과 같아서 손발이 끊어졌을 때 잇기 어렵다는 말이에요.

안의편
80

富不親兮貧不疎는 此是人間大丈夫요.
부불친혜빈불소   차시인간대장부

부유하다고 친절하게 대하지 않고
가난하다고 멀리하지 않는 것이 대장부다.

 바르게 따라 써 보세요.

부	유	하	다	고		친	절	하	게		대	하	지
않	고		가	난	하	다	고		멀	리	하	지		않
는		것	이		대	장	부	다	.				

 아래 칸에 맞춰 써 보세요.

부유하다고 친절하게 대하지 않고
가난하다고 멀리하지 않는 것이 대장부다.

 참다운 친구를 사귀고 싶다면 친구의 마음속을 봐야 해요.
재물이 있고 없음을 보고 친구를 사귀는 것은 옳지 않답니다.

老少長幼는 天分秩序니 不可悖理而傷道也니라.
노소장유　　　　천분질서　　　　불가패리이상도야

노인과 젊은이, 어른과 어린이는
하늘이 정한 차례이니
바른 이치를 어기고
도리를 상하게 하면 안 된다.

 바르게 따라 써 보세요.

노	인	과		젊	은	이	,	어	른	과		어	린
이	는		하	늘	이		정	한		차	례	이	니
바	른		이	치	를		어	기	고		도	리	를
상	하	게		하	면		안		된	다	.		

 아래 칸에 맞춰 써 보세요.

노인과 젊은이, 어른과 어린이는
하늘이 정한 차례이니
바른 이치를 어기고
도리를 상하게 하면 안 된다.

 노인과 젊은이, 어른과 어린이는 하늘이 차례를 정했다고 했어요. 그래서 어린이는 어른을
공경해야 하는 것이지요. 서로가 양보하고 예절을 잘 지킨다면 훨씬 살기 좋은 세상이 될 거예요.

君子有勇而無禮면 爲亂하고 小人有勇而無禮면 爲盜니라.
군자유용이무례　　　　위란　　　　소인유용이무례　　　　위도

군자가 용맹만 있고 예의가 없으면 반란을 일으키고
소인이 용맹만 있고 예의가 없으면 도둑이 된다.

 바르게 따라 써 보세요.

군	자	가		용	맹	만		있	고		예	의	가
없	으	면		반	란	을		일	으	키	고		소	인
이		용	맹	만		있	고		예	의	가		없	으
면		도	둑	이		된	다	.					

 아래 칸에 맞춰 써 보세요.

군자가 용맹만 있고 예의가 없으면 반란을 일으키고
소인이 용맹만 있고 예의가 없으면 도둑이 된다.

 아무리 아는 것이 많고 용맹해도 예의를 모르면 군자가 될 수 없어요. 예의를 알아도 실천하지 않으면
그 역시 군자가 될 수 없지요. 군자든 소인이든 예의를 갖추고 행동해야 해요.

出門如見大賓하고 入室如有人이니라.
출문여견대빈   입실여유인

문 밖에 나가서는 큰 손님을 대하듯이 하고
집에 들어와서는 사람이 있는 것같이 하라.

 바르게 따라 써 보세요.

문	밖에	나가서는	큰	손님
을	대하듯이	하고	집에	들어
와서는	사람이	있는	것같이	
하라.				

 아래 칸에 맞춰 써 보세요.

문 밖에 나가서는 큰 손님을 대하듯이 하고
집에 들어와서는 사람이 있는 것같이 하라.

 밖에 나가서도 집 안에 들어와서도 몸가짐을 항상 단정히 해야 해요.
누가 있건 없건 간에 예의를 지켜야만 예의바른 생활이 몸에 배어 어디를 가서도 실수하지 않는답니다.

준예편 84

若要人重我면 無過我重人이니라.
약요인중아   무과아중인

만약 남이 나를 소중하게 여기기를 바란다면
나도 남을 소중하게 여겨야 한다.

 바르게 따라 써 보세요.

만	약		남	이		나	를		소	중	하	게
여	기	기	를		바	란	다	면		나	도		남	을
소	중	하	게		여	겨	야		한	다	.

 아래 칸에 맞춰 써 보세요.

만약 남이 나를 소중하게 여기기를 바란다면
나도 남을 소중하게 여겨야 한다.

 남에게 대접 받기를 원한다면 자신이 먼저 대접을 해야 해요.
내가 하는 대로 상대방이 나를 대하기 때문이에요.

父不言子之德하며 子不談父之過니라.
부불언자지덕　　　　자부담부지과

아버지는 자식의 덕을 말하지 않으며
아들은 아버지의 허물을 말하지 않는다.

 바르게 따라 써 보세요.

아	버	지	는		자	식	의		덕	을		말	하
지		않	으	며		아	들	은		아	버	지	의
허	물	을		말	하	지		않	는	다	.		

 아래 칸에 맞춰 써 보세요.

아버지는 자식의 덕을 말하지 않으며
아들은 아버지의 허물을 말하지 않는다.

 자식은 아무리 귀하고 사랑스러워도 드러내놓고 자랑하지 않아요. 자식 자랑은 결국 내 자랑과 같기 때문이에요. 또한, 내 아버지를 욕하는 것은 결국 자신을 욕하는 것과 마찬가지랍니다.

言不中理면 不如不言이니라.
언부중리   불여불언

말이 이치에 맞지 않으면
안 하는 것만 못하다.

 바르게 따라 써 보세요.

> 말이 이치에 맞지 않으면
> 안 하는 것만 못하다.

 아래 칸에 맞춰 써 보세요.

말이 이치에 맞지 않으면 안 하는 것만 못하다.

 바른말은 해도 되지만 다른 사람에게 상처를 주는 말은 해서는 안 돼요.
쓸데없는 말을 하기보다는 차라리 아무 말도 안 하는 것이 더 낫지요.

一言不中이면 千語無用이니라.
일언부중   천어무용

한 마디 말이 맞지 않으면
천 마디 말이 쓸데없다.

 바르게 따라 써 보세요.

> 한 마디 말이 맞지 않으면
> 천 마디 말이 쓸데없다.

 아래 칸에 맞춰 써 보세요.

> 한 마디 말이 맞지 않으면 천 마디 말이 쓸데없다.

 말을 한 마디 했는데 이치에 맞지 않으면 천 마디 말을 해도 상대방이 믿어 주지 않아요.
말 때문에 상대방에게 신뢰를 잃을 수 있으니 말을 할 때는 신중하게 생각해야 해요.

口舌者는 禍患之門이요, 滅身之斧也니라.
구설자　　화환지문　　　멸신지부야

입과 혀는 재앙과 근심의 문이요,
몸을 망치는 도끼와 같다.

 바르게 따라 써 보세요.

입과　혀는　재앙과　근심의
문이요,　몸을　망치는　도끼와
같다.

 아래 칸에 맞춰 써 보세요.

입과 혀는 재앙과 근심의 문이요,
몸을 망치는 도끼와 같다.

 함부로 말을 하면 이로 인해 재앙과 근심을 얻고 결국은 자신을 망친다는 뜻이에요.
말을 많이 하면 말실수도 많아지게 돼요. 말을 삼가고 꼭 필요한 말만 하도록 하세요.

利人之言은 煖如棉絮하고 傷人之語는 利如荊棘이라.
이인지언　　난여면서　　상인지어　　이여형극

사람을 이롭게 하는 말은 솜처럼 따뜻하고
사람을 다치게 하는 말은 가시처럼 날카롭다.

 바르게 따라 써 보세요.

사	람	을	이	롭	게	하	는	말	은
솜	처	럼	따	뜻	하	고	사	람	을	다	치
게	하	는	말	은	가	시	처	럼	날	카
롭	다	.

 아래 칸에 맞춰 써 보세요.

사람을 이롭게 하는 말은 솜처럼 따뜻하고
사람을 다치게 하는 말은 가시처럼 날카롭다.

 누군가를 위로하고 진정으로 위하는 말에는 따뜻한 온기가 느껴져요.
반면에 자신도 모르게 내뱉은, 다른 사람의 마음을 다치게 하는 말은 가시처럼 날카롭게 느껴지지요.

一言半句가 重値千金이요, 一語傷人이니라.
일언반구   중치천금   일언상인

이로운 말 한 마디는 천금처럼 무겁고
사람을 다치게 하는 말 한 마디는
칼로 베는 것처럼 아프다.

 바르게 따라 써 보세요.

	이	로	운		말		한		마	디	는		천	금
처	럼		무	겁	고		사	람	을		다	치	게	
하	는		말		한		마	디	는		칼	로		베
는		것	처	럼		아	프	다	.					

 아래 칸에 맞춰 써 보세요.

이로운 말 한 마디는 천금처럼 무겁고
사람을 다치게 하는 말 한 마디는
칼로 베는 것처럼 아프다.

 말 한 마디는 천금보다 더 소중하다고 해요. 한 마디 말로 많은 것을 바꿀 수 있기 때문이지요.
하지만 잘못해서 내뱉은 말 한 마디는 다른 사람을 칼로 베는 것처럼 아프게 할 수도 있답니다.

相識은 滿天下하되 知心은 能幾人고.
상식　　만천하　　　지심　　능기인

서로 얼굴을 아는 사람은 세상에 많지만
서로 마음을 아는 사람이 몇 사람이나 될까?

 바르게 따라 써 보세요.

서　로　　얼굴을　　아　는　　사　람　은
세　상　에　　많지만　　서　로　　마　음　을
아　는　　사　람　이　　몇　　사　람　이　나　　될
까 ?

 아래 칸에 맞춰 써 보세요.

서로 얼굴을 아는 사람은 세상에 많지만
서로 마음을 아는 사람이 몇 사람이나 될까?

 얼굴을 안다고 해서 모두 친구는 아니에요. 정말 내 마음을 알아주는 몇 명만이 친구이지요.
진정으로 내 마음을 알아주는 친구가 필요하다면 자신이 먼저 그런 친구가 되기 위해 노력해야 해요.

與好學人同行에 如霧露中行하여 雖不濕衣라도 時時有潤이라.
여호학인동행　　　여무로중행　　　수불습의　　　시시유윤

학문을 좋아하는 사람과 함께 있으면
안개 속을 가는 것과 같아서
비록 옷은 흠뻑 젖지 않더라도
점점 물기가 배어든다.

 바르게 따라 써 보세요.

　학문을　좋아하는　사람과　함
께　있으면　안개　속을　가는
것과　같아서　비록　옷은　흠뻑
젖지　않더라도　점점　물기가
배어든다.

 아래 칸에 맞춰 써 보세요.

학문을 좋아하는 사람과 함께 있으면
안개 속을 가는 것과 같아서
비록 옷은 흠뻑 젖지 않더라도
점점 물기가 배어든다.

 친구와 함께 많은 시간을 지내다 보면 자신도 모르게 친구를 닮아가기도 해요.
그러니 어떤 친구를 사귀냐에 따라 슬기로워질 수도 있고 나쁜 영향을 받을 수도 있어요.

不結子花는 休要種이요, 無義之朋은 不可交니라.
불결자화　　　휴요종　　　무의지붕　　　불가교

열매를 맺지 않는 꽃은 심지 말고
의리가 없는 벗은 사귀지 말라.

 바르게 따라 써 보세요.

	열	매	를		맺	지		않	는		꽃	은		심
지		말	고		의	리	가		없	는		벗	은	
사	귀	지		말	라	.								

 아래 칸에 맞춰 써 보세요.

열매를 맺지 않는 꽃은 심지 말고
의리가 없는 벗은 사귀지 말라.

 친구 사이에는 의리가 있어야 해요. 의리가 없는 친구를 사귀면 나쁜 길로 빠져들 수 있어요.
반듯한 그릇이 되고 싶다면 반듯한 모형의 친구를 사귀도록 해요.

교우편
94

路遙知馬力이요, 日久見人心이니라.
노요지마력　　　　　일구견인심

길이 멀면 말의 힘을 알게 되고
시간이 흘러야 사람의 마음을 알게 된다.

 바르게 따라 써 보세요.

길이	멀면	말의	힘을	알게
되고	시간이	흘러야	사람의	
마음을	알게	된다.		

 아래 칸에 맞춰 써 보세요.

길이 멀면 말의 힘을 알게 되고
시간이 흘러야 사람의 마음을 알게 된다.

 좋은 말인지 아닌지 알려면 먼 길을 달려 봐야 그 실력을 알 수 있듯이
사람은 오랫동안 함께 지내봐야 그 진가를 알 수 있어요.

君子之交는 淡如水하고 小人之交는 甘若醴니라.
군자지교   담여수   소인지교   감약예

군자의 사귐은 맑기가 물과 같고
소인의 사귐은 달콤하기가 단술 같네.

 바르게 따라 써 보세요.

군자의	사귐은	맑기가	물과
같고	소인의	사귐은	달콤하기
가	단술	같네.	

 아래 칸에 맞춰 써 보세요.

군자의 사귐은 맑기가 물과 같고
소인의 사귐은 달콤하기가 단술 같네.

 좋은 사람과 사귀는 것은 맑은 물처럼 변함이 없어요. 하지만 소인배와 사귀는 것은
단술처럼 달콤하지만 자기 이익을 위해 자주 변하지요.

賢婦는 令夫貴요, 佞婦는 令夫賤이니라.
현부　　영부귀　　　영부　　　영부천

어진 아내는 남편을 귀하게 만들고
악한 아내는 남편을 천하게 만든다.

 바르게 따라 써 보세요.

어	진		아	내	는		남	편	을		귀	하	게
만	들	고		악	한		아	내	는		남	편	을
천	하	게		만	든	다	.						

 아래 칸에 맞춰 써 보세요.

어진 아내는 남편을 귀하게 만들고
악한 아내는 남편을 천하게 만든다.

 부부가 서로 존중하고 서로를 소중하게 생각하면 밖에 나가서 다른 사람에게도 귀한 대접을 받아요.
하지만 서로 헐뜯고 비난한다면 밖에 나가서 다른 사람에게도 천한 대접을 받게 돼요.

善不積이면 不足以成名이요.
선부적   부족이성명

착한 일을 쌓지 않으면
명성을 얻지 못한다.

 바르게 따라 써 보세요.

착	한		일	을		쌓	지		않	으	면		명
성	을		얻	지		못	한	다	.				

 아래 칸에 맞춰 써 보세요.

착한 일을 쌓지 않으면 명성을 얻지 못한다.

 아무리 그 명성이 높아도 착한 일을 계속 쌓지 않는 사람은 그 명성에 한계가 온다고 해요.
끊임없이 덕을 쌓고, 좋은 일을 하는 사람이 결국에는 이름을 널리 알리게 되지요.

勿謂今日不學而有來日 하며 勿謂今年不學而有來年 하라.
물위금일불학이유내일　　　　　　　물위금년불학이유내년

오늘 배우지 않고 내일 배운다고 말하지 말라.
올해 배우지 않고 내년에 배운다고 말하지 말라.

 바르게 따라 써 보세요.

오	늘		배	우	지		않	고		내	일		배
운	다	고		말	하	지		말	라	.	올	해		배
우	지		않	고		내	년	에		배	운	다	고
말	하	지		말	라	.

 아래 칸에 맞춰 써 보세요.

오늘 배우지 않고 내일 배운다고 말하지 말라.
올해 배우지 않고 내년에 배운다고 말하지 말라.

 배움에도 때가 있듯이 시기를 놓치고 나면 다시 배울 기회가 없어요. 오늘 할 일을 내일로 미루지 마세요.
내일은 내일의 할 일이 또 기다리고 있어요. 세상에서 가장 중요한 것은 바로 '지금'이에요.

盛年은 不重來하고 一日難再晨이니 及時當勉勵하라. 歲月은 不待人이니라.
성년　부중래　　　일일난재신　　　급시당면려　　　세월　부대인

젊은 시절은 다시 오지 않고
하루의 새벽은 두 번 오지 않는다.
그때그때 할 일을 다하라.
세월은 사람을 기다려 주지 않는다.

 바르게 따라 써 보세요.

젊	은		시	절	은		다	시		오	지		않
고		하	루	의		새	벽	은		두		번	오
지		않	는	다	.	그	때	그	때		할		일	을
다	하	라	.	세	월	은		사	람	을		기	다	려
주	지		않	는	다	.							

 아래 칸에 맞춰 써 보세요.

젊은 시절은 다시 오지 않고
하루의 새벽은 두 번 오지 않는다.
그때그때 할 일을 다하라.
세월은 사람을 기다려 주지 않는다.

 세월은 사람을 기다리지 않아요. 세월은 흐르는 물처럼 빠르게 흘러만 갈 뿐 다시는 돌아오지 않지요.
그러니 오늘 하루 최선을 다해서 열심히 살아야 한답니다.

不積蹞步면 無以至千里요, 不積小流면 無以成江河니라.
부적규보　　　무이지천리　　　부적소류　　　무이성강하

반 걸음도 꾸준히 내딛지 않으면 천 리를 갈 수 없고
적은 물도 모이지 않으면 큰 강을 이룰 수 없다.

 바르게 따라 써 보세요.

반	걸	음	도		꾸	준	히		내	딛	지
않	으	면		천		리	를	갈		수		없	고
적	은		물	도		모	이	지		않	으	면		큰
강	을		이	룰		수		없	다	.

 아래 칸에 맞춰 써 보세요.

반 걸음도 꾸준히 내딛지 않으면 천 리를 갈 수 없고
적은 물도 모이지 않으면 큰 강을 이룰 수 없다.

 '천 리 길도 한 걸음부터'라는 속담이 있어요. 아무리 크고 위대한 일을 하고 싶어도 처음에는
아주 작은 것부터 시작해요. 하찮은 것이라도 무시하지 않고 기본을 탄탄히 닦아야 큰일을 이룰 수 있지요.

지은이 키즈키즈 교육연구소

기획과 편집, 창작 활동을 전문으로 하는 유아동 교육연구소입니다.
어린이들이 건강한 생각을 키우고 올곧은 인성을 세우는 데 도움이 되는
교육 콘텐츠를 개발하고 있습니다. 즐기면서 배울 수 있는 프로그램 개발에도
힘쓰고 있으며, 단행본과 학습지 등 다양한 분야에서 활동하고 있습니다.

하루10분
명심보감
따라쓰기

중쇄 인쇄 | 2024년 11월 15일
중쇄 발행 | 2024년 11월 20일
지은이 | 키즈키즈 교육연구소
펴낸이 | 박수길
펴낸곳 | (주)도서출판 미래지식
기획 편집 | 이솔 · 김아롬
디자인 | design Ko

주소 | 경기도 고양시 덕양구 통일로 140 삼송테크노밸리 A동 3층 333호
전화 | 02)389-0152
팩스 | 02)389-0156
홈페이지 | www.miraejisig.co.kr
이메일 | miraejisig@naver.com
등록번호 | 제2018-000205호

*이 책의 판권은 미래지식에 있습니다.
*값은 표지 뒷면에 표기되어 있습니다.
*잘못된 책은 구입하신 서점에서 바꾸어 드립니다.

ISBN 979-11-90107-62-4 64700
ISBN 979-11-90107-41-9 (세트)

*미래주니어는 미래지식의 어린이책 브랜드입니다.